COLLECTION DELAHERCHE

DE BEAUVAIS

MINIATURES

Portraits Historiques

TABLEAUX ANCIENS

DESSINS

TROISIÈME VENTE

CATALOGUE

DES

MINIATURES

DES XVᵉ, XVIᵉ, XVIIᵉ ET XVIIIᵉ SIÈCLES

Portraits historiques

TABLEAUX ANCIENS

DES DIVERSES ÉCOLES

DESSINS

Faisant partie

DE LA COLLECTION DELAHERCHE

De Beauvais

ET DONT LA VENTE AURA LIEU

HOTEL DROUOT, SALLE Nᵒ 8

Les Mercredi 28 et Jeudi 29 Mars 1888

A DEUX HEURES

Mᵉ PAUL CHEVALLIER	**M. CHARLES MANNHEIM**
COMMISSAIRE-PRISEUR	EXPERT
10, rue de la Grange-Batelière, 10	7, rue Saint-Georges, 7

EXPOSITION PUBLIQUE : Le Mardi 27 Mars 1888

DE UNE HEURE A CINQ HEURES

CONDITIONS DE LA VENTE

Elle sera faite au comptant.

Les acquéreurs payeront, en sus des adjudications, *cinq pour cent* applicables aux frais.

L'Exposition mettant le public à même de se rendre compte de l'état des objets, il ne sera admis aucune réclamation une fois l'adjudication prononcée.

Paris — Imp. de l'Art, E. Ménard et Cie, 41, rue de la Victoire.

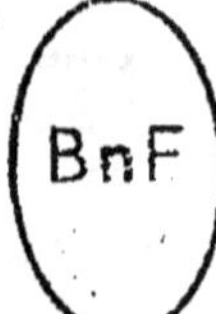

DÉSIGNATION DES OBJETS

MINIATURES

1 — Deux miniatures sur parchemin en grisaille avec rehauts d'or, de la fin du xv° siècle, et provenant d'un missel de deuil, entourées d'un large encadrement composé de fleurs arabesques et d'oiseaux.

L'une d'elles représente la Salutation angélique, l'autre, divers personnages en costumes du temps prosternés devant le Saint-Sacrement.

Belle conservation.

2 — Deux miniatures sur parchemin avec rehauts d'or, provenant d'un missel du xv° siècle, et richement encadrées de feuillages gothiques et de fleurettes.

L'une représente le sujet de la Visitation, et l'autre un Évangéliste, représenté assis dans un faudesteuil en bois sculpté dont le dossier est garni d'une étoffe semée de fleurs de lis d'or sur fond azur.

3 — Bannière militaire représentant la Vierge et l'Enfant Jésus, peinture sur soie avec fond et encadrement dorés. xive siècle.

4 — Miniature rectangulaire, très soignée, sur vélin : Portrait de Claude de Lorraine, duc de Guise, de trois quarts, en buste, élégant costume enrichi de broderies d'or et de perles. xvie siècle.

5 — **École française.** Miniature sur vélin, représentant François Ier, la duchesse d'Étampes et le Génie de la *Fontaine belle eau,* qui lui présente, au bout d'une flèche, le cœur du roi surmonté d'une couronne d'or. Cadre de *Vitel,* décoré de nielles peints bleu et blanc et de filets dorés.

6 — Miniature rectangulaire, avec rehauts d'or : Portrait de Henriette de Balzac d'Entragues, marquise de Verneuil, à mi-corps.

7 — Miniature rectangulaire : Portrait de César de Vendôme, enfant, à mi-jambes, riche costume couvert de broderies d'or et enrichi de pierreries. xviie siècle.

8 — Miniature rectangulaire sur vélin : Portrait de Mlle de Montpensier, à la Bastille, costume mi-partie princier et militaire ; demi-armure, chapeau à plumes noires, l'écharpe blanche. Figure à mi-jambes. Cadre sculpté ancien. xviie siècle.

9 — Miniature sur vélin : Portrait d'un magistrat en costume de l'époque Louis XIII.

10 — Miniature sur vélin : Portrait de Renée de Rieux, dite la Belle de Châteauneuf. xvie siècle. Cadre de *Vitel*.

11 — Miniature sur vélin du temps de Louis XIV : Portrait d'un trésorier de France. Cadre du temps en bois très finement sculpté et doré, à décor de rinceaux, de fleurettes et de feuillages.

12 — Miniature sur vélin : Portrait de femme de l'époque Louis XIV, dans un cadre pareil au précédent.

13 — Miniature ovale sur vélin : Portrait de jeune femme en robe de brocart et manteau bleu, époque Louis XIV. Cadre du temps, sculpté à coquilles et doré.

14 — Miniature ovale sur vélin : Portrait présumé de Mansart, jeune. Cadre ancien, sculpté et doré.

15 — Miniature rectangulaire sur vélin : Portrait présumé du Grand Dauphin, représenté avec les attributs de saint Jean l'évangéliste. Signée. Cadre en marqueterie de cuivre et d'écaille.

16 — Miniature sur vélin de l'école française du xvii^e

siècle, représentant saint Jean-Baptiste. Cadre ancien, sculpté et doré.

17 — Miniature à l'huile sur cuivre : Portrait de femme, robe rouge, en buste. xviie siècle. Cadre doré.

18 — Gouache représentant la vue du Louvre et de la tour de Nesle au xviie siècle. Au revers : « par Mlle Demandis ». Cadre sculpté et doré.

19 — Miniature carrée : Portrait de Rigaud, à mi-corps, drapé dans un manteau bleu, la palette à la main, coiffé d'un bonnet rouge.

20 — Miniature ovale : Portrait d'un maréchal de France. Époque Louis XIV.

21 — Deux miniatures carrées sur vélin : l'Amour et deux enfants tenant une guirlande. xviiie siècle.

22 — Miniature rectangulaire représentant la Fuite en Égypte. xviie siècle. Cadre du temps, en cuivre, formé d'un tore de laurier.

23 — Miniature ovale : Portrait d'un magistrat en buste. Époque Louis XIV.

24 — Trois miniatures, dont une ronde et deux ovales : Portraits de femmes et d'homme. Cadres en bois, l'un d'eux doré. xviie et xviiie siècles.

25 — Quatre miniatures, dont une ronde sur ivoire, représentant le portrait d'un officier du temps de Louis XVI; deux autres sont des portraits d'homme et de femme, montées, l'une sur une boîte d'ivoire, l'autre sur une petite boîte laquée. La dernière représente deux amours en grisaille, par de Gault.

26 — Jolie miniature ovale sur ivoire, par *Hall :* Portrait de femme vêtue d'un corsage rose garni de parements verts. Dans un cadre d'or appliqué sur une boîte ronde en écaille.

27 — Miniature ronde attribuée à Eisen et représentant deux amours dans un paysage. Cercle de marcassites et cadre en bois.

28 — Petite miniature ronde d'après Coypel : Présentation d'un plan de château à un gentilhomme. Cadre en bois.

29 — Petite gouache ronde : Vue d'un port de mer. XVIII° siècle. Cadre sculpté.

30 — Deux miniatures sur vélin : Enfant tenant une corbeille de raisins ; Femme et enfant.

31 — Miniature rectangulaire : Portrait présumé de Stanislas, roi de Pologne, portant l'armure et le manteau de pourpre et d'hermine.

32 — **École anglaise.** Miniature sur vélin : M. Western, dans Tom Jones, acte Ier.

33 — Gouache ronde : Jeux d'amours, attribuée à Eisen.

34 — Miniature : Portrait d'homme en costume polonais ; bonnet et pelisse en fourrure. Cadre en cuivre ciselé et doré, contenant une cornaline gravée en écu losangé.

35 — Miniature rectangulaire sur ivoire, d'après Raphael, représentant la figure de l'ange de la Vierge au donataire. Cadre ancien finement sculpté à décor de coquilles.

36 — Miniature ovale : Portrait de La Tour, en buste, de trois quarts, poudré, habit bleu. Cadre en cuivre doré.

37 — Miniature sur ivoire : Portrait de femme, de l'époque de la Révolution.

38 — Miniature ovale sur ivoire, attribuée à Cosway : Portrait d'homme. Époque Louis XVI.

39 — Miniature ovale : Portrait du Dauphin, Louis XVI. Cadre en velours.

40 — Jolie miniature ovale sur ivoire, signée *Lavreince* : Portrait d'homme. Époque Louis XVI. Cadre argent doré.

41 — Miniature rectangulaire : Portrait d'un infant d'Espagne, le faucon au poing.

42 — Petite gouache : scène enfantine, attribuée à *Boucher*. Cadre sculpté et doré.

43 — Petite gouache ovale, attribuée à *Van Blarenberghe,* et représentant une halte de cavaliers.

44 — Mugnerot. Deux petits portraits : femme et fillette, dessinés au crayon noir et datés, l'un 1776, l'autre 1777.

45 — Ph. J. Lutherburg (Signée). Mode du commencement du xviiie siècle, à Strasbourg, costume de jeune fille portant un très curieux chapeau. Miniature sur vélin.

46 — Grande miniature gouachée sur ivoire. attribuée à *Boilly*, représentant la Leçon de dessin.

MINIATURES A L'HUILE

47 — **Clouet (École des)**. Portrait de Marguerite, reine de Navarre, peinture sur cuir avec encadrement gaufré ; au revers les armoiries accolées de Navarre et de France. Cadre sculpté, décoré en dorure d'un semis de fleurs de lis et de marguerites ; il a été exécuté par Vitel.

48 — **Clouet (École des)**. Portrait de *Monseigneur de Florenge*. xvie siècle.

49 — Cranach (Luca). Portrait de femme, de profil, à mi-corps, coiffée d'une toque rouge à plumes, et portant un riche costume rouge et or. Signée du dragon. Cadre dans le style du xvie siècle, à moulures et ornements, exécuté par *Vitel*.

50 — Leyde (Attribué à **Lucas de**). Saint Luc et Saint Jean; deux petites peintures à l'huile, accompagnées des eaux-fortes de Lucas de Leyde, et placées dans des cadres sculptés et dorés, exécutés par *Vitel*.

51 — École française (xvie siècle). Miniature à l'huile, sur bois : Portrait de Pierre Charron, chanoine théologal et chantre en l'église cathédrale de Condom, auteur des trois livres de *la Sagesse*, en buste. Cadre de *Vitel*.

52 — École française (xvie siècle). Portrait du seigneur des Accords. Ce portrait est gravé sur bois dans le quatrième livre des *Bigarrures du seigneur des Accords*, édité à *Rouen*, chez *Loys dv Mesnil, deuaut le grand portail Sainct Jean à la † d'or. M. D. C. XXVIII.*

53 — Miniature à l'huile, sur bois : Portrait du grand connétable, Anne de Montmorency. Cadre en bois sculpté et doré.

54 — Miniature peinte à l'huile sur panneau : Portrait

de Gaspard de Coligny (1517-1572), amiral de France. Cadre de *Vitel*, noir et or à moulures.

55 — Miniature à l'huile sur bois, du xve siècle, représentant Joseph et la femme de Putiphar. Cadre dans le style du xve siècle, portant la signature de *Vitel*.

56 — Petite peinture à l'huile, sur bois, et représentant François Ier, la comtesse de Chateaubriant et la duchesse d'Étampes, attablés dans un portique, sous un velum bleu fleurdelisé. Au premier plan, des musiciens, un page servant des rafraîchissements. xvie siècle.

57 — Miniature à l'huile : Portrait de la duchesse de Nemours, dans un cadre décoré de nielles dorées et du monogramme de la duchesse (A. C.), née Anne d'Est. Ce cadre a été exécuté par *Vitel*.

58 — Miniature ovale à l'huile, sur cuivre : Portrait d'homme portant toute sa barbe, costume noir, collerette blanche. Sur le fond vert la date de 1589.

59 — Miniature ovale à l'huile, sur cuivre : Portrait de femme avec coiffure haute garnie de fleurs, et costume noir avec large collerette blanche tuyautée. xvie siècle.

60 — Deux miniatures ovales à l'huile, sur cuivre : Portraits d'hommes, l'un d'eux tient un morceau de

musique, l'autre est vêtu d'un costume noir avec collerette plissée.

61 — Deux miniatures à l'huile. L'une ovale, sur cuivre, représente un portrait de femme; l'autre, un portrait de vieillard, avec cadre portant une inscription française, le nom de l'auteur : La Chapelle, et la date de 1608.

62 — Peinture à l'huile : Portrait de Henriette de Balzac d'Entragues, marquise de Verneuil. Cadre de Vitel, décoré en dorure sur fond noir.

63 — Miniature à l'huile, sur cuivre, de forme ronde : Portrait de femme, en buste, daté 1519. École allemande. Cadre du temps, en étain dentelé et gravé.

64 — Miniature ovale, peinte sur cuivre : Portrait d'homme. Époque Louis XIII. Cadre sculpté à enroulements et fleurettes.

65 — Petite peinture à l'huile, sur jaspe sanguin, de l'École espagnole, et représentant Jésus au Mont des Oliviers. XVIIᵉ siècle. Cadre du temps en cuivre repercé à jour et doré.

66 — Miniature ovale, finement peinte à l'huile : Portrait du Grand Dauphin, dans un médaillon doré enrichi de perles.

67 — Miniature ovale : Portrait d'homme. Époque Louis XIII.

68 — Miniature ovale, sur cuivre : Portrait d'homme avec large collerette tuyautée. xviie siècle. Cadre sculpté.

69 — Miniature à l'huile, sur cuivre : Portrait d'homme, de l'époque Louis XIII. Buste. Cadre ancien, sculpté et doré.

70 — Portrait d'homme, en costume de l'époque Louis XIII.

71 — Portrait de la princesse de Conti, à mi-corps, riche costume avec fraise tuyautée; peinture de l'École des *Clouet*. Cadre de Vitel à nielles d'or sur fond noir.

72 — **École française.** Peinture à l'huile, sur cuivre : Portrait de Christine de France, duchesse de Savoie, représentée assise, dans un riche costume fleurdelisé, la tête ceinte d'une couronne de perles, et tenant sur les genoux le jeune duc de Savoie, son fils, vêtu d'une tunique rouge brodée d'or, auquel elle présente une rose. Cadre de *Vitel*, dans le style Louis XIII, à moulures, noir et or, et offrant l'écu mi-partie de Savoie et de France.

73 — Miniature rectangulaire, peinte à l'huile, sur

cuivre : Portrait d'un guerrier de l'époque de Louis XIII, en buste, de trois quarts, cheveux longs, flottant sur les épaules, moustache blanche ; rabat en guipure ; il est revêtu de l'armure et porte une écharpe blanche. Cadre sculpté, de style Louis XIII, par *Vitel*.

74 — Miniature ovale à l'huile, sur cuivre : Portrait de femme, de l'École de Porbus.

75 — Miniature ovale, peinte à l'huile : Portrait d'homme du temps de Louis XIII. Cadre à moulures et tore de laurier, de *Vitel*.

76 — Miniature ovale, à l'huile, sur cuivre : Portrait d'un seigneur du temps de Louis XIII, coiffé à la cadenette.

77 — Miniature ovale, sur cuivre : Portrait de Gaston d'Orléans, tenant des flèches.

78 — Miniature ovale, sur cuivre : Portrait d'un seigneur du temps de Louis XIII, portant un col de guipure.

79 — Miniature ovale, peinte à l'huile, sur cuivre : Portrait de femme. Époque Louis XIII.

80 — Portrait de jeune prince. XVIIe siècle. Peinture sur corne, ovale. Cadre sculpté.

81 — Miniature à l'huile, sur cuivre : Portrait d'une

dame, en riche costume du commencement du
XVIIe siècle; robe noire, bijoux d'or, fraise et man-
chettes de guipure; figure à mi-corps. Cadre
Louis XIII bois noir, écaille et ivoire.

82 — Miniature ovale : Personnage de l'époque
Louis XV, portant une pèlerine ornée de coquilles.
Cadre sculpté.

83 — Miniature ovale, sur cuivre. On lit au revers :
Portrait de Dupré, échevin de Beauvais, par **Le
Pape**, en 1704.

84 — Jolie miniature ovale, à l'huile, sur argent : Portrait de petite fille avec bonnet, collerette et tablier
bordés de guipure. École flamande du XVIIe siècle.

85 — Miniature ovale, peinte à l'huile, sur cuivre, dans
le goût de Mignard : Portrait de femme, en buste.
dans un cadre sculpté et doré.

TABLEAUX

PORTRAITS HISTORIQUES

86 — **École allemande**. Portrait d'Étienne Fabrice,
pasteur de Berne, âgé de soixante-dix-neuf, en
1648.

87 — **École française** (xvᵉ siècle). Portrait de Philippe le Bon, duc de Bourgogne. De trois quarts, en buste, coiffé d'un chapeau gris orné d'un bijou et vêtu d'une pelisse rouge bordée de fourrure, il porte le collier de l'ordre de la Toison d'or et pose une main sur son écu armorié.

88 — **École française** (xviᵉ siècle). Portrait de Louis des Balbes de Berton, seigneur de Crillon. En buste, pourpoint noir, fraise plissée.

89 — **École française** (xviᵉ siècle). Portrait de Marie Stuart. En buste. Cadre noir décoré d'arabesques en dorure.

90 — **École française**. Portrait de Marie de Médicis, portant la couronne ; une robe noire couverte de bijoux et de pierreries, un col de fine guipure. Cadre noir niellé or.

91 — **École française** (xviᵉ siècle). Portraits de deux donataires en prières, agenouillés sur des prie-Dieu à leurs armes.

92 — **École française** (xviiᵉ siècle). Portrait de Jacques-François de Johanne, chevalier, marquis de Saumery, gouverneur de Chambord et des enfants de France.

Cadre ancien sculpté et doré.

93 — **École française**. Portrait de Ninon de Len-
clos. Cadre ancien sculpté et doré.

94 — **École française**. Portrait d'homme à col de
guipure. Époque Louis XIII.

95 — **École française**. Portrait de femme en buste,
collier de perles. Époque Louis XIII. Cadre ancien
sculpté.

96 — **Guerchin** (Attribué à). Portrait présumé de
Fulvio Testi, en buste, portant sur la poitrine les
insignes d'un ordre de chevalerie.

97 — **Lebel**. Portrait du maréchal de Mouchy, au
revers on lit : Peint par Lebel en 1675.

98 — **Mignard**. Portrait de Mme de Sévigné ; robe de
soie jaune, manches de guipure, collier de perles,
tenant un petit chien. Collection du marquis de
Villette.

99 — **Mignard (École de)**. Portrait présumé de la
duchesse de Bourgogne. Cadre ancien à fleurs.

100 — **Mignard (École de)**. Portrait de la grande
Mademoiselle, en robe gris d'argent brodée d'or.

101 — **Pourbus** (Attribué à). Portrait d'une princesse
de la maison de France, en buste, portant un riche
costume de la fin du XVIe siècle. Cadre en chêne
sculpté.

102 — **Porbus** (Attribué à). Portrait d'une princesse de la maison de France, riche costume de la fin du xvie siècle. Cadre en chêne sculpté.

103 — **Porbus** (**École de**). Portrait de Marie de Médicis. Cadre noir et or.

.TABLEAUX

104 — **Boucher** (Attribué à). Berger jouant de la musette, esquisse.

105 — **Both** (Genre de). Paysage boisé.

106 — **Brauwer**. Tabagie, dix villageois autour d'une table.

107 — **Breughel** (**École de**). Paysage. Cadre ancien bois sculpté.

108 — **Chaperon** (**Nicolas**). Amour dégustant du vin.

109 — **Crepin**. Paysage avec rochers. Cadre sculpté ancien.

110 — **Desportes** (Genre de). Chasseur et son chien.

111 — **Durer** (**École d'Albert**). La Vierge, tenant

l'Enfant Jésus sur ses genoux, est assise devant une palissade. En haut, une banderole à inscription. En bas, deux blasons.

112 — **Flinck** (Attribué à **Govaert**). Portrait de femme âgée, en buste, de trois quarts. Costume sombre garni de fourrure.

113 — **Franck**. Le Mauvais riche.

114 — **Fontenay** (Attribué à **Blain de**). Fleurs dans un vase et fruits sur une console de marbre.

115 — **Gryef** (**Anton**). Gibier à plume et à poil.

116 — **Heem** (Attribué à **de**). Nature morte.

117 — **Helst** (Attribué à **Van der**). Portrait d'une dame hollandaise, robe de soie noire, assise, tenant un livre et un éventail.

118 — **Loo** (Attribué à **A. van**). Portrait de jeune femme, en mante de soie noire, les mains dans un manchon.

119 — **Maas** (Attribué à **Nicolas**). Portrait de femme âgée représentée presque de face, assise dans un fauteuil, tenant un livre de la main gauche et ses besicles de l'autre main. Elle est coiffée d'une cornette de toile, une fraise tuyautée encadre son visage, la robe est en soie noire. Beau portrait, d'une

exécution serrée et vigoureuse, peint dans la manière de Rembrandt. Sur l'accoudoir du fauteuil on voit des initiales (?). Cadre du xviie siècle en bois sculpté et doré.

120 — **Oudry.** Tête de cerf et cor de chasse.

121 — **Prudhon (École de).** Deux compositions allégoriques pour modèles de tapisserie.

122 — **Raoux.** Deux compositions en pendants : concert vocal et instrumental.

123 — **Rigaud** (Attribué à). Portrait de femme inachevé ; toile ovale dans un cadre sculpté à laurier.

124 — **Rubens (École de).** La Fuite en Égypte, peinture sur fond rouge. Cadre ancien en bois sculpté.

125 — **Sauvage** (Signé). Vénus et amours, peinture sur marbre, en camaïeu, simulant un bas-relief de bronze. Cadre ancien bois sculpté.

126 — **Sauvage.** Enfants bacchants, peinture en camaïeu à l'imitation d'un bas-relief en bronze.

127 — **Sauvage.** Jeux d'enfants, peinture en grisaille.

128 — **Seghers.** Guirlande de fleurs encadrant un buste de jeune fille, peint en grisaille et attribué à *C. Schut.*

129 — **Tournières** (Genre de). Portrait de jeune femme, poudrée, robe verte, manteau rouge, tenant une corbeille de fleurs.

130 — **Uden** (**Lucas van**). Deux paysages boisés et animés de groupes de villageois au premier plan. Ils forment pendants et sont placés dans de très jolis cadres sculptés et dorés du XVIIe siècle.

131 — **Uden** (**Lucas van**). Petit paysage peint sur cuivre. Cadre ancien sculpté.

132 — **Uden** (**Lucas van**). Paysage avec habitation au sommet de rochers et groupe de figurines peint dans le goût de Téniers. Cadre Louis XV en bois sculpté et doré.

133 — **Van den Berg**. Vue de Santo Pietro in Vincoli.

134 — **Velde** (Attribué a **A. van den**). Les Patineurs. Cadre ancien à fleurs, sculpté et doré.

135 — **École allemande** (XVIe siècle). Le Repas de l'Enfant prodigue. Panneau circulaire.

136 — **École allemande** (XVIe siècle). Volet représentant une dame et une religieuse en prière auprès d'une sainte tenant un cierge. En haut, la Vierge, le Christ, et Dieu le Père.

137 — **École allemande** (xvie siècle). La Circoncision. Panneau incomplet.

138 — **École allemande.** Livres, parchemins et sablier.

139 — **École espagnole.** Portrait de jeune garçon. xviie siècle. Cadre Louis XIV sculpté et doré.

140 — **École espagnole.** La Vierge aux bijoux. xviie siècle.

141 — **École espagnole.** Saint Ignace de Loyola.

142 — **École espagnole.** Saint Charles Borromée. Cadre ancien en bois sculpté.

143 — **École française.** Époque Louis XVI. Peinture décorative pour modèle de tapisserie, allégorie aux beaux-arts, avec riche encadrement de festons de fleurs, attribué à Mlle Vallayer-Coster.

144 — **École française.** Dame suivie de son page, dans un parc. Époque Louis XIV.

145 — **École française.** Portrait de femme. Époque Louis XV.

146 — **École française.** Sainte Marie Égyptienne, avec cadre à moulures du xvie siècle.

147 — École de Bruges (Fin du XVe siècle). Sainte Catherine, à mi-corps, la tête ceinte d'une couronne d'or, vêtue de rouge, lisant un livre d'heures.

148 — École flamande (XVIe siècle). Deux personnages debout sous un dais. Cadre ancien sculpté.

149 — École flamande (XVIe siècle). Diptyque peint sur les deux faces. Au volet droit, un donataire agenouillé et Saint Louis. Au volet gauche, un groupe d'évêques et, dans l'éloignement, plusieurs saints martyrs. Au revers, la Salutation angélique, peinture en grisaille.

150 — École flamande (XVe siècle). Saint Laurent, deux abbés, un donataire et une jeune fille. Au revers, une grisaille représentant l'Annonciation.

151 — École flamande. Scène de comédie. XVIIe siècle. Cadre sculpté ancien.

152 — École flamande (XVIIe siècle). Oiseaux divers, étude.

153 — École flamande. Portrait d'homme tenant un feuillet de musique. XVIIe siècle.

154 — École flamande (XVIIe siècle). Le Christ en croix entre les deux larrons. Cuivre de forme ronde.

155 — École flamande. Portrait d'homme, fraise tuyautée.

156 — École flamande. Paysage. Cadre sculpté.

157 — École hollandaise (xviiie siècle). Petit paysage avec femme et enfant auprès d'une barrière.

158 — École hollandaise. Portrait d'un jeune seigneur. xviie siècle.

159 — École hollandaise. Portrait d'homme. Beau cadre Louis XIV en bois sculpté et doré.

160 — École milanaise. (xvie siècle). Ecce Homo.

161 — École vénitienne (xvie siècle). Deux tableaux contenant chacun deux figures d'apôtres placées dans des arcades de cadres rehaussées de dorure.

162 — École vénitienne. Vue d'un château avec parc et pièce d'eau.

163 — École italienne (xvie siècle). Jésus et la femme adultère. Cadre en bois sculpté, rehaussé de dorure.

164 — École italienne. Le Miracle des roses. xviie siècle.

165 — École italienne. Groupe d'anges portant une couronne, esquisse de plafond.

166 — **École italienne**. Portrait de femme. xvie siècle.

167 — **École italienne**. Lapins, plantes, champignons, fleurs.

168 — **École moderne**. Tête de chien.

DESSINS

GOUACHES — AQUARELLES

169 — **Adam**. Deux lapins. Sanguine.

170 — **Boissieu**. Le Temple de la Sibylle, à Tivoli. Encre de Chine.

171 — **Bol (Hans)**. Paysage : Vénus et Adonis. Signé et daté 1571. Plume.

172 — **Boucher**. Groupe d'amours. Croquis à la mine de plomb. Cadre sculpté.

173 — **Boucher** (Attribué à). Tête de jeune femme. Sanguine.

174 — **Callot**. Bohémien. Plume.

175 — **Cauvay** (Attribué à). Deux motifs pour pan-

neaux décoratifs, figures, vases, guirlandes, etc. Encre de Chine.

176 — Champaigne (Ph. de). Frontispice pour un traité d'architecture. Plume et encre de Chine.

177 — Clodion (Attribué à). Nymphe et Amours tenant des guirlandes. Crayon noir, rehauts de blanc.

178 — Cock (Signé **J. van de**), 1690. Figure allégorique du temps. Plume.

179 — Della Bella. Plusieurs études de personnages à pied et à cheval. Plume et lavis.

180 — Demarne. Plusieurs dessins à l'encre de Chine.

181 — Demarne (Signé **And.**). Deux paysages. Aquarelles.

182 — Desrais (C. L.), 1771. Villageois à la porte d'un cabaret. Plume et lavis.

183 — Drevet (Attribué à), d'après Rigaud. Portrait du Président de Bérulle. Crayon noir avec rehauts de blanc. Cadre ancien sculpté et doré.

184 — Drevet. Portrait d'un gentilhomme de l'époque Louis XIV. Cadre ancien sculpté et doré.

185 — Druard, de Reims. Modèles de cartouches, deux dessins à la plume et à la sépia.

186 — **Duquesnoy**. Monument funéraire. Sépia signée.

187 — **Dyck** (**Van**). Portrait d'un guerrier. Crayon
noir. Voir, au verso, divers croquis.

188 — **Eisen**, 1769. En-tête de page pour l'illustration
du roman anglais *Anne Bell*, a été gravé par L. Le-
grand. Dessin à la mine de plomb. Cadre Louis XIII
en bois sculpté et doré.

189 — **Eisen**, 1772. L'Autel de l'hyménée. Mine de
plomb. Cadre Louis XIII en bois sculpté et doré.

190 — **Eisen**. Amour jetant des fleurs sur l'autel de
Vénus. Plume et encre de Chine.

191 — **Eschard** (**C.**). Buveurs. Deux dessins. Crayon
noir et blanc.

192 — **Granet** (?). Monuments italiens et figures. Sépia.

193 — **Hals** (Attribué à **E.**). Portrait présumé de
François Duquesnoy, dit François Flamand. Sanguine.

194 — **Huet** (**J. B.**), 1773. Chien en arrêt. Crayon
noir et blanc.

195 — **Huet** (Attribué à **J. B.**). Le Passage du gué.
Plume et aquarelle.

196 — Jacopo di Bertoia. Trois mascarons dessinés à la plume.

197 — Lancret (Attribué à). Homme vu de dos. Croquis à la sanguine.

198 — Lebrun (Attribué à). Portrait d'homme à perruque. Crayon noir et blanc.

199 — Cl. Lorrain. Paysage. Plume.

200 — Nicolle. Ruelle à Venise. Aquarelle.

201 — Nicolle. Pont et villa. Sépia.

202 — Nicolle. Intérieur de chapelle. Sépia.

203 — Nicolle. Chemin entre deux murs de parcs. Sépia.

204 — Nicolle. Deux pièces : Entrée de souterrain; vestibule d'un palais. Plume et sépia.

205 — Nicolle. Deux paysages italiens, avec fabriques. Croquis à la sanguine.

206 — Nicolle. Quatre sépias : Gondoliers et types vénitiens.

207 — Nicolle. Neuf croquis, plume et sépia : Gondoliers à Venise, Marinier, Promeneurs, Hommes du peuple.

208 — **Nicolle.** Six dessins : Études de figures. Plume et sépia.

209 — **Nicolle.** Série de dessins à la plume et au lavis : Vues prises en Italie, Études de figures. (Sera divisé.)

210 — **Ostade (Van).** Deux Flamands devant la cheminée. Plume et sépia.

211 — **Ostade (Van).** Fumeur et Buveur. Plume et sépia.

212 — **Oudry (J. B.).** Tonnelles dans un parc. Crayon noir et blanc.

213 — **Oudry.** Renard. Pierre d'Italie.

214 — **Pater** (Attribué à). Jeune Femme. Dessin à la sanguine.

215 — **Raphael (École de).** Études de Vierge et d'Enfant Jésus. Plume.

216 — **Robert (Hubert).** Femmes au puits. Sanguine.

217 — **Saint-Aubin.** Un Ballet : « Mlle Beaumesnil, reine de Golconde, mars 1787. » Crayon noir avec rehauts de blanc.

218 — **Saint-Aubin.** Le Génie de la peinture présentant des portraits au duc d'Orléans. Crayon noir estompé.

219 — **Solario** (Attribué à **Andrea**). Portrait d'homme coiffé d'une toque rouge, de trois quarts, en buste. Aquarelle renforcée de hachures à la plume. Cadre ancien, sculpté et doré, à cariatides et fronton.

220 — **Sylvestre (Israël)**. Vue du Château Saint-Ange. Plume.

221 — **Thomas**, 1783 (Signé). Portrait d'homme, de profil à gauche. Mine de plomb sur vélin.

222 — **Tiepolo**. Deux pièces : Chars de triomphe. Plume et sépia.

223 — **Tintoretto**. Groupe de personnages, vus en buste, croquis à la sanguine.

224 — **Vallet**, 1775 (Signé). *La Belle Marchande de pommes*. Sépia.

225 — **Velazquez** (Attribué à). Portrait d'Isabelle de Bourbon. Encre de Chine.

226 — **Velde (W. van de)**. Une Flotte. Plume et encre de Chine.

227 — **Vernet** (Attribué à **C.**). Dame en costume de la Restauration. Crayon noir et blanc.

228 — **Zucchero**. Figure de guerrier. Sépia.

229 — **École française** (xvie siècle). Un Tournoi curieux. Dessin à la plume relevé de sépia.

230 — **École française**. Tête de femme de profil. xvie siècle. Sanguine.

231 — **École française**. Portrait d'un prélat. xviie siècle. Sanguine.

232 — **École française**. La Promenade dans un parc, nombreuses figures en costumes Louis XV. Gouache.

233 — **École française** (xviiie siècle). Portrait d'homme, de profil à gauche. Mine de plomb.

234 — **École française** (xviiie siècle). Jeux d'amours. Trois sépias,

235 — **École française** (xviiie siècle). Femme tenant un enfant sur ses genoux. Sépia.

236 — **École française** (xviiie siècle). Portrait de jeune femme de profil, à gauche. Dessin rehaussé d'aquarelle.

237 — **École française**. Portrait de jeune femme, robe décolletée et guirlande de fleurs passée en écharpe.

238 — **École française**. Deux pièces : modèles de flambeaux au crayon, aiguière à la sanguine.

239 — **École française.** Vue cavalière du château et du parc de Villers-Cotterets en 1758, aux armoiries du duc de Penthièvre. Aquarelle.

240 — **École française.** Deux pièces : dessin à la plume, détail du blason de la fontaine de la place Navarre, et miniature armoriée de MM. Coulons de Villères.

241 — Deux dessins : frise représentant les Éléments et les Saisons, plume et sépia, de l'école italienne, et frise, danse de nymphes. Encre de Chine. Attribuée à Vallin.

242 — Environ soixante dessins encadrés des diverses écoles. Seront vendus séparément ou par lots.

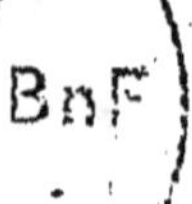

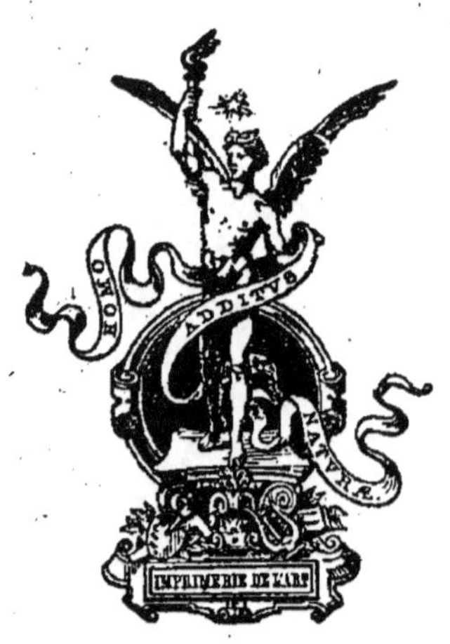
HOMO
ADDITVS
NATVRÆ
IMPRIMERIE DE L'ART